言之寺院-天生善人會神明

神明

阿翁

高興

駱以軍

戰克傑

潘弘輝

張士峯

張寶云

丁名慶

高平遠

鄭元獻

蔡宏賢

施靜宜

李嘉華(右京)

鄭嘉華

葉昀峰

林妡芮

張容箏

邢辰

許明涓

黃湘涵

Saint Lemonade

李姸慧

王天寬

張家祥

林仕健

陳韋哲

蔡林縉

吳俞萱

劉崇鳳

廖人

黃柏軒

孫得欽

駱以軍／張士峯 主編

DIMENSION PLUS 超維度互動

寺言之
院

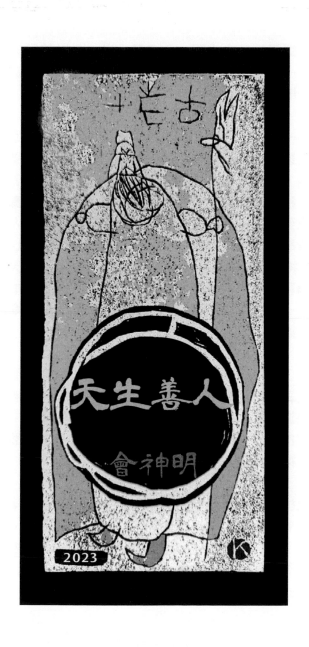

天生善人會神明
2023 高興

序言 - 遇見神明　◎阿翁

　　啊！遇見神就會「明」？會發「光」？以前只認識「誠」則「明」，但現在主體的「誠」很不靠譜，可能愈以為是「誠」，愈弄得一塌糊塗。

　　小小一片台灣，神明就 365 天數不完。以前愛過那些像燙滿小圈頭髮的神廟，後來才搞清楚是民間道教。各種佛門聖地也在台灣：佛光、慈濟、法鼓、中台、淨土、靈鷲？講都說不清。另一種更遍佈莊嚴深入民心的，天主基督各派長老，西方的摩西來到幾千年後，從未知道釘十字架故事的華人社會，於是法國漢學哲學家朱利安（François Jullien，1951-）將西方《聖經》神學如何演變「現代性」，東方《易經》對天的理解，又如何累積成我們「內在性」觸動的語言，寫了一本《摩西或中華》——最激烈的東西方信仰交錯版，一本目前能令我每日願意思考的書。

　　大約二十年前，曾不斷追踪「新時代」宗教，那些超能力的巫士書寫（早期學生該聽過我的「唐望」）。追過三、四十類不同來源系列，世界各地原住民留在的歷史神力，直至讀到一位認識的朋友，她寫出一本同樣的故事，我才突然冷卻了。原來一切神的力量，來自文獻，除此，之外呢？

　　昆德拉最近離世，我們一一認証他的「真理」。其中說到，他選的人物，是因為不理解他們，那些謎樣的行徑，觸發書寫的欲望。又記得論卡夫卡時，說他是詩人。詩人能揭發令人眼花撩亂的事物，如空氣存在，但我們不覺得，如果詩說著人們早已明白的，就是一名偽詩人。

這樣就慢慢構造「詩廟」。特別是在台灣這個平台上，匯聚十八方來源的神廟，供奉著靈性的千百個殿堂，開發經歷的新鮮與觸動。我們在各種廟宇的詩意空間，鍊洗文字。期待有一天，不知道哪一人，新的詩句帶有神力，成為未知領域的「文獻」。猶如朱利安耙疏東西方信仰的傳續，最終出現一個新詞：Incommensurable（不能約比），未出現在任何系統中、不能整合、無以名狀的......。

前兩天去看「中台世界博物館」，盼接觸神明。

許多北魏、北齊、北周的佛像，很高，那些臉不像敦煌畫冊出現的，每一種五官完美位置；他們倒像隨意地不斷包含，各方訊息匯聚之點，那麼高的像，久遠千多年來至，卻是每一個仿似「人」，有這樣那樣表情，瞬間移動。

奇怪呢！因為這些久遠流傳又不完美的擺放，讓我感到平民的真實。唐朝以後，特別到宋代，不一樣了，有記憶中熟悉的「古典」美。

遼國、金國的也有，堂堂皇皇，五官潤大，「像」西方人，又不是，未見過的，就記得了。

我一直搜尋未碰觸過的樣子神明才出現。

目次

神逸

「神」字起源於甲骨文「申」字，象雷電曲折之形，
原始符號意指為閃電，有著上古初民對大自然的敬畏，
象徵無上的大能。
感應如飛電馳光，觸發似疾雷奔霆，
何來莫名的感知，竟將自我意識與神揉合成一個想像的世界，
引出萬物，沒有界限。
《易·說卦》：「神也者，妙萬物而為言者也。」

這不是應該的名字 ◎阿翁

（一）

睡不著的時候天就暖了，
我就看見你
杉杉屑屑週圍滿是針
一直的事情演化
你就愈來愈兇惡

睡不著的時候天變低
左側右側麻麻的記憶
手撕著肚晾著門口咔擦響著
週圍有人沒人我睡在一絲吊竿上
這些那些事做成飛快的油彩
暈眩裡世界光華　品質飢渴
我輕輕笑出來

（二）

初碰
說不知道這是什麼
一下子便出來了
出來後
天地仍然暗
她說
我願意
氣體慢慢開裂
出現了一絲的感觸

遲來的相遇
本來已經掉頭了
卻在枝葉間輕搖慢瀉
還將你層層包過
包得天地間都淡淡的輕黃

輕黃
如芽地生長
尖尖刺著你
愛麼要麼都不容易
但她總在那兒
但我總看不見

整座山的青氣持續在手中
還播著遠古石上的文字
文字永遠不老
咬著你我相碰的種子

如來　◎張容箏

有生皆苦有生皆飽滿
有生皆－－不可說、
不可說。你說
一說即是錯

我原是鏡中水仙
生在彼岸，彼岸空虛
是你 眼耳鼻舌意不能及
不及就放棄
你身在擺渡身在
天河兩端
在喜歡和歡喜之間折返 折返 折返
而大氣不喘

不可說、不可說
你如是說
色即是空 空即是
如是如是
沒事沒事

牧羊人記 ◎張容箏

——獻給所有曾在權力或情感上遭遇情緒操縱的小羊

α.
你是聖潔 臣服 引導
你是理解與混淆
你是光 必不會有過錯
你行過之處謊言即化現為真實

ω.
善良緊握十指之間
容我向妳祈禱
幽暗時候必會有光的路徑，前來
把黑影分擘開
把深處分擘開
直達光的裡面，直達馴養

由我引領妳新知善惡。
妳必將跟從我
在重得依允的道上
依允是新生
依允將恆久而
潔淨，在寬恕與順服之間塗抹——
紅蘋果竄發新苗

嫦娥 ◎邢辰

我們都曾暗暗
在月夜裏，獨倚窗欄
做飛天的夢想。想像
拋棄床邊正在沈睡的愛情
去換取星星旁
永恆的寂寞

無一例外，我們選擇了愛情。
然後和永恆隔在星河兩側
時隱時現的寂寞，從未讓我們
更加珍視
珍視曾經熠熠閃爍的許諾

只有嫦娥在月亮的一端
遙遙望寂寂的人間
用她清泠的眼睛
由始至終
便是永久
是此刻
是每一夜從天而降的露水
落在情人清醒的夢境時分

林默的神秘迴圈 © Saint Lemonade

線上聽

林默的神秘迴圈 (The mysterious circle)

相傳"媽祖"是北宋時期閩南莆田一帶的一名女子，名叫林默，由於她一心向道，後來羽化而登仙了，從而成為了護佑沿海漁民的守護神。

莆田的偏鄉是我童年住的地方，沒自來水、沒路燈、沒馬路，目睹奶奶坐在房內一個人落淚一個下午，想念她遠方的兒子。所謂有海水處有華人，華人到處有媽祖，在這個無盡的海面，媽祖嚮往的道是甚麼？

媽祖接過炸彈之後 ◎右京

伸手
手指與烽煙相比
顯得太過纖細
其實無心創造什麼神蹟
但蒼穹落下的惡意
以火熱的脣舌
舐食土地的生機
我只能奮起
振起手，振起裙擺
吃力地阻擋滿天的敗壞
讓手指斷裂
成為祭品
讓硝煙燻過的裙擺
成為傳說

多年之後
惡意不再從天而降
但仍遍地蔓生
未爆和已爆的彈
在社會各處蟄伏瞪視
我為瀰漫的野性驚怵
心頭陣陣愛，陣陣不忍
遂舉起疲憊的雙手

電話的詐騙比戰時的炸彈更難攔阻
（忙到連觀世音的手都想借來用）
愛戀同性的人慘遭不公正的流彈
（又或者這是兔兒神大爺的轄區）

對女性失禮，對行人不善
對女性行人加倍失禮和不善
（世路竟比大海的駭浪更難跨越）
就連以我之名的遶境祭舞
也埋了名利交纏與肢體衝突
（我何時轉職財神甚至戰神來著）
未說的還有許許多多
但我的手已經顫抖

其實無心創造什麼神蹟
因為深深的愛與不忍
手必須厚穩
接起日日夜夜的磨蝕
無關傳說
海浪中提燈是我
轟炸中接彈是我
但偶爾，比海更深的念頭
我也在疲憊中暗想
會不會有一雙手
願意接住我

附註：
二戰期間，臺灣適逢美軍飛機大轟炸，島上多處傳出「媽祖接炸彈」之傳聞。
或曰一紅衣女子接住炸彈，且媽祖神像斷指；或曰媽祖顯靈阻攔槍彈，且媽祖
神像滲汗；或曰以腳蹴；或曰以裙攔……而今，臺灣暫無兵燹，人禍卻益顯多元。
媽祖有靈，必然嗟嘆。

雲中君‧二度降臨 ◎右京

一、破雲之卷

雲彩們努力潔淨自己
從四方飄赴朝聖之地

地面上的人們並不知道
今天不是單純如常的多雲的一天
當然他們也聽不見
雲朵碰撞聚集時
那富有彈性的清潤聲音

莫名的引力將團簇的雲朵攪拌成漩渦
雲層在轉動中不斷綿長
直到最為勻稱的那一刻
光逼
雲開
糾成伏空座獸
祂
二度降臨了

含光含雲的座獸一低鳴
天空雲彩皆因滿懷的敬
顫慄地換了顏色
而祂就立在座獸背脊
一身穿戴難以配色的華采
穩穩移動
緩緩俯望久違的地面

二、觀世之卷

緩緩俯望，使祂不禁驚疑
久違的地面竟與祂如此乖違
絲毫無法滲透的濃濁之氣
幾乎使祂難受地渙裂成微塵
當年仰望祂的人間視線
熱切到使祂臨去前不斷回望
那樣的熱切對流如今安在

濃濁之氣分縱橫兩勢張揚——
縱起之勢隨高聳如山的建築刺入天空
那銳利的野心彷彿可將雲割傷
山高雖不礙雲飛，但飛過的雲
每每變成令雲心疼的黑；
橫流之勢在人欲間掃旋
動向叵測更甚亂石一般的驟雨
那氣像蛇，蜿蜒人與人間，愈行愈吞愈壯
芸芸眾生皆染上毒性驚神的消化汁液

濃濁之氣分縱橫兩勢張揚
而祂因此感到漸漸消息，祥氣不可逆轉地渺遠
濃濁之氣分縱橫兩勢張揚
而祂的神性屢屢被沖刷，像暗去的晚霞
濃濁之氣張揚
祂知道自己已被子民遺忘
無人惦記虔誠，時節，或任何一朵柔嫩的雲

三、蓄雷之卷

但祂不是全然的柔嫩
天上之力從不因世道而扣減
霞光因拔高的憤怒再度換色
祂伸手入胸,掏出強蓄的電矛
毅然決定穿擲這盆亂蝕的毒水
除了人以外的天地萬物
在那瞬間陷入緊張的戒慎
大氣中充滿了低沉壓迫
所有花木們都想逃離地面
地面的濃濁將和天上的偉力激突
祂的眼已預見,電矛穿破濃濁人間時
強光的漣漪

然而祂的心卻無法樂見
自己的子民在雲下悉數飛滅
他們的遠祖曾以舞蹈敬愛祂
祂也令雲雨按時回贈情意
整個世界蒸化成一場精緻謹慎的儺
如今儺已遠離,但是情意仍在
祂的廣大天心中
卷雲般繚繞,積雲般堆壘

儘管並不珍惜,但人們
仍然不可避免地擁有祖先的福蔭
永遠尾隨的雲

四、留雨之卷

祂終究收起了雷電
在升高的座獸背脊上
感受到一股即將溢出穹蒼的蒼涼
地面的未來命運
該由一人或一神來定奪否？
祂也有茫然不知之時
只知道對不肖的子民
猶存過時的愛意

座獸領命馱著祂做最後的巡遊
子民們各自用生命攪拌著顏色分明的地面
祂深望了最後一眼
存積最後的神諭
緩緩升高，在眾雲低垂恭送之際
溫柔地關上自己。留給地面的
只剩一場乾淨的雨

（發表於 2012/11/01 出版之個人詩集《幼鯨的海底遺跡》）

道祖 ◎潘弘輝

1
手輕撩起金色河流裡的水
祂站立，在混元一氣中
淚面已乾，生滅枯榮仿如並無相干
斂目低垂眉眼，已不再多說些什麼
世間一切，重要也不重要
在道裡，沒有絕對
只深深吁嘆出一口長氣

設若憂疑踟躕難向前
不如縱身入內，在河裡浸個痛快。

2
浮躺於光燄流波中，適懷愜意
蚊蚋般細瑣聲響，不曾停止祈求
千萬年來盡是如此
那些都聽見了也都沒聽見
所有事祂一件都沒幫
入道的那人說過：天道無親，常與善人
又說：上善若水

是真懂啊！悠悠笑意
盪開一席波光。

3
萬物俱變，惟因果不變
成住壞空，周流反覆，一切盡在道裡
雖如此，祂仍履履寄寓於一枚種子
自性獨特
那破開虛空、從無裡拔出的
長出根鬚、挺直莖稈
舉起

祂總被這樣的努力觸動
莫明欣喜。

山鬼 ◎張士峯

蓬萊妙兮千仞山，橫九嶂兮列仙班。
披紫霞兮帶赤霓，立十峻兮迎地祇。
見極頂兮有初光，照日月兮天空明。
出潛龍兮澗深，泉涓涓兮水清。
鳳羽搖風兮斜雨，神飛魂兮遊太虛。

斷危稜兮八瘦七峭，崩北壁兮三尖一奇。
上劈雷兮雨雹冰，冷杉崇兮水鹿鳴。
洪奔下兮砂滾金，羌夜吠兮白鼯驚。
木森森兮霧隱，石磊磊兮霜凝。

壯志昂昂兮凌雲頂，登高步步兮而前行。
一朝花開兮飲晨露，笑看歲時兮草榮枯。
我把酒兮向天問，一樽空兮又一樽。
忽覺恍兮混沌開，星流火兮而下來。
谷風涼兮曉月近，尚風流兮神共飲。

大象需要技巧，神不用 ◎王天寬

很小的時候
對泰國最深的印象
除了人妖
就是大象了

踢足球的大象
踩人的大象
特別是踩人的大象
踩比踢更需要技巧
有技巧的
稱為按摩

也有人去摸大象的屁股
求桃花
從表情可以得知
趴著的人們
獲得了及時的恩典

也有人向神求桃花
微長大的我
等待手腕細細的紅線斷掉

如今我老
有過夠多的情人
感謝神
如今我終於學會
趴著
感謝神

神動動腳
我就斷成好幾節
筋骨舒暢

她可以表達 ◎林妡芮

以鉛筆緊貼她的手
我們描繪手部線條
有時隱沒
有時陷落

重複圓形的軌跡
她傾斜身體走路
在拔高的山稜線
她將樹攤開
摸出岩石與葉脈的縫隙

冰晶在空氣與光線的夾層閃爍
一顆飽含針葉的水凝固滑動
在湖水中
在水的圓形軌跡中

她用線牽起手指
緩慢往上繞
那塔也往上升
途中她留下的風景
轟然倒塌
我們夾在她含住的聲音裡
她要將最巨大的獻給空氣

菩薩 ◎駱以軍

元神掀開天靈蓋
元神以一道光束衝向天際
以這個被降維為禁錮凡庸人世
悲哀臭皮囊的人形
知道　在曾經恍惚無數夢境
知道的　醒來又不知道的
那個靈
衝向星空　那孤寂一片黑冷的太空

元神衝向祂自由　無所謂時間與空間
一開始
祂的狂暴呼嘯
因為需要那樣的暴力和速度
祂從天靈蓋往上騰噴時
是金色的老虎
不　只是一陣斑爛
或是一列轟轟的火車
那種金屬鑄形
每一車廂載著這一生
愛過的　被背叛過的　曾經相遇的
每個座位坐著他們不知自己在你
這列火車上的人們
或就是一隻巨莽　或是一隻著火的烏鴉
元神想　我為何

元神曾為怒目金剛
以三菱前尖的金剛橛
以降魔杵
以金剛鉞刀
痛擊進那些魔神的腦額
腦漿　血霧　結構的碎裂
竄走逃逸的黑光　深紫光　銀光　火焰橘
元神在還純潔的時光
這種夢境中　永劫回歸的痛擊

那些淫邪的白皙的丹鳳眼女體　同樣瘦弱的男體
四竄奔逃的熊　狼　禿鷹　雪豹
但有一天　元神在屠宰這些
液態與光幻難分　完整物下一瞬變粉屑　哀號與訕笑
恍了神
想　這些魔神　在想什麼
會不會痛
如果這億萬次其中的一次
慢動作播放
清楚解析　金剛杵　擊打在其中某一張猙獰之臉
眼珠映照出滅絕前的恐懼
汝毋需將這麼大的痛苦　折疊縮影成密印將我蒸發
我願歸依汝身後那無上神力
元神一恍神
從此就和光同塵了
進入人類　億萬人類的傷害　愁苦　屈辱　悲哀
那霧中森林　不　森林之霧了
那種超乎祂能盛受的撕裂　分崩離析　每一種感覺那麼清晰
像素描海膽　不同人臉在心碎　瘋了　啜泣　細微的變化
在祂的內裡如大海浪翻湧
祂這才知道
這時祂換工作了
這份工叫菩薩
是浮士德與梅菲斯特嗎
打開了無所不知的低眼　眼神閃躲　嘴帶微笑
但元神不適應那優雅披紗下露出的足踝
松果　蕨葉　百合　野薑花　視為雜草的馬櫻丹
銀杏的薄金　勒死大樹的藤蔓　被爛根倒下大樹砸斷主幹的李樹
這於是
菩薩不是眼朝上方的提升
菩薩不懂哈姆雷特
菩薩不懂馬克白
菩薩想著　我可以千變萬化
但這千變萬化在我的這個裸足行走處

人們的心智範域　只在哀祈　可憐楚楚的欲求　想違反死亡定律的
所愛之人不死
於是他們給祂　花心思
在纓絡　髮髻　貼身衣摺　耳垂至脖頸優美的線條
還有那不敢直視的　母親年輕時的五官
菩薩知道這是個佈置了吊人如死豬鐵鈎　夾棍　油鍋　鋸身軀
迷戀於人體被弄破的心靈游樂園
菩薩某次搭客機
深感窄小經濟艙座位中
填塞了三四百人
人體在那樣如飼養箱中挨擠的豬隻
這就是眾生
一挨擠在一起
蠕動著　大部分衰老貌　胖阿婆胖老人貌
竟如此不美
挨擠在一起的自私
向走道來去空姐要這要那
隔幾座互相大聲和自己人隔谷扯屁
然菩薩身旁一黑臉男子
竟在許願
這班機墜了吧　菩提薩跺
啊啊？原來是在出境大廳買了旅遊平安險
保額二千萬
便可以補妻子那永遠愁苦的二千多萬貸款黑洞啊
菩薩淚眼婆娑
從來眾生跪前祈禱
無不是為其母　其父　其子　其妻　其夫
死境中求生　願以我十年陽壽來換
未見有人求高空墜機
且還有身旁三百眾生相陪
摔落時獨痛苦恐怖
那可不是在遊樂場中玩大怒神啊
菩薩在墜落時
想起

從祂以白衣大士貌
雲霧騎龍　或蓮花竹林
這樣又過了好長的時光
原先那個嗡嗡轟轟向祂祈求的
那些苦難的臉
早已死去了　那個舊世界蜷縮成蟻骸粉屑
新的這個世界
有魔戒　有金剛狼暴風女萬磁王　有變形金剛　有綠巨人浩克鋼鉄
人雷神索爾
有ＡＩ建立的幻影娑婆世界　錮中之腦
那讓祂的萬千分身千手千眼無限感知
人類個體內心顛倒恐懼
的投影引擎
運轉耗盡　感受到有限
這個新世界
是一種不為修復燒灼破洞、不給予慈悲的
繁增擴散啊

所以
這樣的和世界剝離　失去功能
就是為了證那蛛絲牽扯
曾經以各種演劇　近距強力弱力　四面八方
內外　無人知曉或眾目睽睽
那麼孱弱的　輕輕顫抖的　祂一直告訴人們
無苦寂滅道　無無明　亦無無明盡
其實有的　有的
在這個宇宙最外圍漂流的
隔著無垠的黑冷
所謂愛
這就是
可用　污濁　這簡化兩字
人類這發明了菩薩　又將之變成宇宙幻波
惘然的物種
其實　其實
曾經的　用夢外之悲無以形容的
逃逸出死滅域外的
一隻光蝌蚪啊

詩的生產流程 ◎戰克傑
──與 L 的對話

1、無神
──混沌初始
一開始　什麼都沒有
沒有主題　更沒有創作
因為純淨到兩眼空洞、無雜質
只是黑白清澈
面帶羞澀地看著這個世界
看著彼此不設防的「真實」
並拿來下酒
大瓶子裝的啤酒

L，其實我們也想你

2、提神
──借題發揮
一定是喝了太多蠻牛
聲音才會源源不絕
才會如親臨現場般真實立體
但我知道
耳朵被封住的人
不會因此變成鴕鳥
也不會因此掉入沉默的深淵

若是杞人　正好憂天

3、留神
──念念不忘　必有回響
回顧總是留著些許遺憾
不必如此不堪

就算你有愛跳水的毛病
我也能立刻將你從馬桶撈出
洗盡身上多年累積的鉛華
留在身邊
陪我繼續靜好的歲月

4、定神
——這是耐力活，不是勞力活
命盤早已算定你的飄泊
我知道你有王子的貴族血脈
所以一直守著你的初心
不讓它變質

白髮白鬚也等著
你要不要回來　你自己決定
我要不要等下去　我自己決定

5、走神
——做比說更重要
誰叫你沒事用才情去惹了一身腥
吹皺了一池春水　還說干我何事
等到出事了　又裝乖托著下巴
一副無辜

誰叫你
又去用比寂靜更無聲的聲音
回應她的戀慕

6、會神
——不必聚精，心領即神會
該宿命地　循著鐵道走到底
還是另闢蹊徑
都無所謂

該走到走不動了才停下
還是原地踏步就好
都無所謂

詩人早已諭示
　"All roads lead where I stand."
無論走到了哪兒
在腳下的，就是你的路
在那兒
你將與善良的心相遇

7、閃神
——先跳出圈子，然後就能看清楚了

這沒有說服力
過來人的你
竟勸戒著後進莫要行險

那一杯杯毒酒
　一條條險路
不都是你日後發光發熱的能源

而且
我清楚地看見
在那漂著你自己和同伴浮屍河流上
你們仰漂時無意識露出的鬼臉

8、養神
——把眼睛閉起來

那位全景觀察者
我恰好熟識
就是長期對我照顧有加的觀音大士
品器的容量最多不過七張嘴的驚訝
真正滿足過的人不會貪
得見眾生平等的人不會傲慢
把身上所有眼睛都打開的人不會多疑

而肉慾和靈性的雙人舞
會一直舞進墳墓裡

9、費神
——可以耗費　不要浪費

親愛的你好嗎？
分道揚鑣之後
我一直負疚於心　像是正義之師的逃兵
讓你獨自一人力戰那些牛鬼蛇神

同居時的甜言蜜語　信誓旦旦
已恍如隔世

於是學會強顏歡笑
避世、避誓也避詩
每一次命運對你的重擊
都像打在我身上
但我是個逃兵
只能看著
耗費過多給予這世界的你
形銷骨損

逃兵無能為力

10、凝神
——將氣集中在某個身體部位

這就是你與眾不同之處
總是喜歡練最困難無趣的基本功
當別人洋洋得意
將氣集成甲冑
包裹自己　自絕於外時
你卻選擇
生出氣
在
小心翼翼上

準備凌空而去

11、分神
——每一種可能性都已發生過了

何其有幸
能尋訪桃花源
何其有幸
在桃花源能遇見另一個自己
私心自慕的自己

知道有一個自己能那樣瀟灑活著
你這個自己會活得更心安嗎？

12、傷神
——癒合後的傷疤是全世界最美麗的存在

千萬年之後
我一直都在
只是沒去你想要我去的地方
但
真的沒事值得發生兩次的
除了那些你曾回味的
在回味的量子化過程中
使它真正的發生了

劫後調教對人類的愛的動力
只能是劫
不會是愛

離欲阿羅漢
一旦老到了這年紀
就沒有什麼是真正重要的了
除了你拈花時
我的微笑

13、失神
——祝你早日找到那扇為你打開的窗

如果要的只是一封信
那我來回

不要如此傷懷
人情原可以澆薄
人兒也可以漂泊
曾經的羈絆
曾經的纏綣
卻不會因此褪色

偷偷告訴你
真的有人向我說了你的壞話
我沒有相信
我不是相信你
我是相信我自己

14、入神
——見天地 見自己 見眾生
在我們的捷運站裡
旅行者所搭的電扶梯
都是一行一行的詩堆疊起來的
銀鈴笑聲是上行
涕泗橫流是下行

在那裏
橡皮擦和炭筆是被禁用的

15、出神
——功德圓滿
在我的森林中
螢火蟲不再發光
蚯蚓不會搖樹
連螳螂也聰明地不去擋車了

他們合組了一個樂團
唱出了世界的希望

膜 ◎許明涓

身體是虛構的神祇
接近謊言，但並不完全
直到觸摸彼此
那是誰啟動
標準的膜拜動作

身體在萬物之間遊走
破裂開來，裡面沒有花
所有的孔隙振動，發出聲響
手指相互摩擦

身體是玻璃所做
光穿透
疼痛漂浮上方
落下的影子是包裝紙

身體失去力量
放置在那裡，腔與膜
皆乾涸
雨季來臨餵飽器官，呼吸
是靈充滿著的霧氣

窗外失神 ◎蔡林縉

為了追蹤那些飛躍的馬
和貼伏地面彈奏的村莊
自湖面彼岸蜿蜒而上
山被風吹拂成浪
偶而失卻重心
在雪無盡反射的日光中陷落

聖人與先知的形體讓光碎裂
傾斜成飛昇的螺線
世界溶成無際延展的綠意
滲入晝與夜的裂隙
層疊初生與逝去的預言
眾人在此　祈盼天堂

風潑灑湖面流成幽藍的窗櫺
蛛網漫向四方
有人眼神如酒微醺著音樂
召來蒼鷹與火炬
交換自由與飛翔的密語
有人戴上面具在火光的漩渦裡起舞
一面遙望窗外
種種即將被遺失的記載

在一切目光未及之處
透視背面——
那些顛倒無以名狀的文字
眾神
在某個恍惚失神的片刻
剎然靈現

附記：2018 與 2019 年，分別於蘇黎世聖母大教堂 (Fraumünster) 與芝加哥藝術學院 (the Art Institute of Chicago) 遇見夏卡爾的彩繪玻璃窗。

2023.06

要不要一起做寶殿裡的大雄 ◎李妍慧

見花，會開顏地笑，
傻瓜知道快樂是什麼
傻瓜知道自由是什麼
傻瓜知道天地是什麼
傻瓜知道因果是什麼
因本心自然，無畏渴望。

種果，會點頭如搗蒜，
傻瓜不知道多嘴是什麼 （止語）
傻瓜不知道煩惱是什麼 （無執）
傻瓜不知道用腦過度是什麼 （無諍）
因本質實作，大器於天。

傻瓜，只問耕耘
因寶藏開悟而遊界飛躍、流變而無相。

傻瓜，善造當下
因太初之「有」而遍地自由、初生而無極。

————————

泛讀各種佛典滋養、解離與再造自己的生活和工作，目標是越來越簡單、越來越輕鬆提起和放下。

超越地球的時間，遍走各個平行的身世裡，周遊瀏覽千千萬萬的菩薩、佛陀與法門，諸相顯化的教導「無不是提醒、點醒、清醒早在我們內在曙光裡那幻夢如睡的東西，引導我們以輕盈無礙的姿態漫步在自己的內在道路，是空也是盈，往更深更遠去。」即是「看見心經」。

李妍慧 2023/6/1

殘響 ◎吳俞萱

每次妳伸手，指著裂縫笑－我就　　發火。以為妳在傷口上，啟示死亡。妳從不回話，轉身去接　　一整天響不停的電話。聽他們墜落不死，餘後的殘響。沒有人　　把妳當人看。我拔掉電話線，轉身妳接回，默默栽入他們的　　哀鳴。妳願自己碎成夠多的片數，任他們分食。四分五裂　　之際，妳不忘去藥局排隊。妳說：今天是我，明天換妳。　　疫情還沒結束，妳就死了。妳按時買回家的兩片口罩　　堆起來，比妳的骨灰罈還高。那天傍晚妳說：我要睡了。　　隔天清晨七點十九分，妳不再醒來。我在手機上的鬧鐘　　設下妳斷氣的時間。每日我在那一刻醒來，戴上妳買回的　　口罩，去過我墜落不死的人生。分食妳，餘下的殘響。此刻我　　坐在妳的書房，看妳裱框掛在牆上的唐卡：左腳盤坐的綠度母　　向下伸出右腳，踩在一朵蓮花上，隨時要去救渡受苦的人。而　　大地裂開，尖刺的破口形成一列觸手，揮舞恭迎地底湧流而出　　的大水，緊貼自己的曲折。從不回話，妳笑。因為下一秒妳　　轉身跳下，化成水，握住裂縫的手。妳眼中沒有傷口與死亡，妳無法不為全新的地貌，露出笑容。來世，對我發火吧。讓我早一點，從自我的殘骸醒來。

潛意識第三層之催眠旅行 ◎張寶云

那些角色離開劇本便白化了面容
她一直在舞台邊緣尋找消失的配角們的步履
這一世從船艦上投水
身著白衣為自己送殯
背對著三百亡靈負疚遠走
箭矢射穿不夜的星斗
仰躺著看晴空移向西北
原來漂浮是這樣的空闊線條
魚群一陣陣溫柔地環圈著我
父神波塞頓也無從介入她的地球浪遊計劃
我跟隨靈魂的意願波盪
賽巴巴同情地為她合十祝禱
天空中飄下了細雨
整座海洋便是她　的墓床

夏令營比冷氣還凍人的 3 分鐘 ◎鄭元獻

家裡總是有一些
外人沒有辦法理解的原因
但這些原因實在太複雜了
像一卷線或一團混亂的颱風過境
但偏偏你身在這樣的家庭
昨天拿 $200 叫你去買晚餐
剩下的錢要留下來吃早餐
今天看你沒有換衣服
我問你為什麼沒有洗澡？
等一下我要請教會的阿姨帶你去洗個澡
我的話還沒有講完
你已經開始哭了
看了
我也想哭
洗完澡還是沒有衣服換
所以阿姨很熱心跑去很遠的地方
幫你張羅了一些衣服
你洗完澡很開心
我也好開心
等到你要下課的時候
我要跟你談你今天晚上要吃什麼？
卻發現你昨天晚上卻沒有吃飯
你把我給你的錢拎在手上
原封未動
My God ！
原來你昨晚沒有吃飯
發現我的血糖突然降的很低
有時候
自己想當及時雨都當不成
只成為兩行淚
親愛的孩子請你不要哭
走過這個門時
記得抬頭看
這個人除了沒有吃晚餐
還被釘在十字架上
哭吧！
哭完只要擦乾眼淚就好
但千萬記得去吃飯

樓上的地基主 ◎陳韋哲

偶爾，看到路過窗台的浪貓
總會興起我想要躡手躡腳下樓的念頭
還記得一開始只是間簡陋的土角厝
後來房子慢慢長大，我也越住越高

每個月總有幾天
廚房會準備一張小桌子
擺上一些簡單的便菜
像阿嬤怕孫子餓到的日常
我喜歡這樣的席地而坐
想吃就吃，不用誰來喊開動

偶爾，我也會聽聽他們點香時的喃喃
很質樸的祝禱
不求什麼，就好像我也幫不上什麼
我樂得輕鬆
吃飽喝足後，就找個不擋路的角落窩著
不時拱起背，伸伸懶腰
耳裡傳來跋栩的聲響
恍如不經意掉落的罐罐

如神 ◎張家祥

很久沒有正經寫作，寫的都是零散的句子，野蠻的句子。
但我越來越會跟動物玩，順順貓的毛，直視狗的眼睛。
我支離破碎的生活，眼看的世界越來越像一個個隱喻，
或是一個個意念的穿梭。
「不斷回到，意願之中。」想起阿翁寫過這樣的句子。
想起阿翁打的太極拳，好像是吳氏？
我不時回想一些小事，想念一些新新舊舊的人。
有時候也會想起阿翁，似枯泉，又雪亮的眼睛。
想起有次阿翁的現代詩課，我沒有進課堂，
卻在教室外和同學聊天，好一陣子，
阿翁走到教室外，悄悄跟我說
「你們小聲一點，裡面在上課。」
然後又悄悄地迴身，進入課堂繼續講詩。
我沒有遇過這樣的老師，被冒犯的時候，
不嘻皮笑臉，不以勢壓人，莊嚴自持。
我時常想念阿翁，多想幾遍，好像自己也可以一樣，
思念不斷，回到意願。愛己如神，敬人如神。

神的臉 ◎孫得欽

試想一張神的臉，大至無垠
一聲巨吼，將你完全包圍
將你的世界完全包圍

你的日常生活就是他的臉
你踩踏他，嚼食他
吹過你皮膚的風是他的呼吸

試著每分每秒都這樣想
忘了，就再想起

窗外忽然傳來的鳥鳴
浸透身體的溫泉水
對面大樓玻璃反射過來的光

你用他的眼淚洗臉

梳頭時梳的是神的毛髮
你的念頭就是他的念頭

痛苦時，歡樂時
你發出神的呻吟

藥師佛 ◎黃柏軒

想著藥師佛
就轉到了藥師佛

在地下街轉蛋的我
有菩薩保佑

觀自在菩薩 ◎黃柏軒

觀察你自己
行深
得般若

最難的是
什麼都不做

看見垂直的身體
平行的靈魂
無限延伸的點與面
全部
都屬於無限
原本是這麼簡單的事

直到你開始嗡嗡嗡
想這個想那個
問問題
講答案
就沒了

垂直的橋
平行的門
門打開
你無處退
你被觀察而塌陷
所有的你剩下一個
這麼殘暴的
也是你

最難的是
什麼都不做
還要相信

路就在那裡
你就在那裡

月老 ◎黃湘涵

平權月老

　　對面坐著一起用餐的朋友，聊著與伴侶未來的生涯規劃，便覺得一切是如此的不可思議，又如此的自然。身為人LGBTQ的我們相戀相愛，相知相惜，在後同婚時代的臺灣，似乎比起過去的同志前輩們，少了許多難以想像的阻礙。

　　尚未牽起女友的手之前，我曾經想放棄愛上同性的自己。
＊
　　十年前，大學畢業，進入職場的第一年，同時也結束人生中的第一場戀愛。初戀對於放不下的那個人來說，總是刻骨銘心，難以忘懷，尤其對象又是自己系上的學妹，籃球隊的隊友，多重的身分關係讓我在每個場景，每個重要的回憶，都有初戀的身影出現在其中。
　　然而，沒有公開過的秘密，讓我在別人眼中始終是單身的身分，甚至在撕心裂肺的痛苦時，仍要強顏歡笑，每次對人露齒而笑的瞬間，我都非常後悔自己曾是同性戀的事實，因為愛上同性的戀情，無法自在分享喜悅與悲傷，甚至在最痛苦的時候，也要瞞著家人，偷偷到「熱線」找同溫層療癒傷口，連尋求上天的垂憐都覺得是個罪過。
　　好幾次，因為工作的關係，不少同事為「母胎單身」的我介紹對象，也好幾次想順水推舟，試著和一個大家眼中還不錯的對象交往，完成人生的里程碑，為自己失敗的人生給個交代。
　　但我始終無法下定決心邁入眾人眼中的「常軌」。
　　直到七夕情人節那天，在家人的建議下，我決定到高雄關帝廟祈求月老，賜予新戀情的可能。
　　煙霧裊裊，香火鼎盛，廟方人員詳細又熱心的介紹，貢獻完香油錢後，會獲得一包貼上姻緣疏文的金紙、深桃紅色的月老香和一小串綁好的紅線。再將個人資料依指示填在姻緣疏文上，唸出內容，虔誠地對月老說出自己理想對象的條件，等待幾分鐘，可再向月老擲筊問問題，或拿著姻緣疏文到金爐焚化，將紅線帶在身上，便能等待屬於自己良緣的出現。

　　神明不會說話，我必須要自己問問題，才能找到答案。

　　面對眼前慈眉善目的月老神像，我卻不知該從何問起，熙來攘往的人潮讓我腋下濕透，不自覺觀察起月老被香火燻黑的紅潤雙頰，右手舉著長長的塵尾，望之儼然，環顧圍繞在月老身旁掛滿善男信女的還願，我不禁疑惑，在月下老人面前，我是否還能安然掩藏自己的同志身分？我是否還要強顏歡笑？我要的情感是什麼呢？跪在神龕前猶豫許久後，嚥下口水，我決定誠實面對自己。

　　雙手將使用到斑駁掉漆的紅筊緊緊握住，指腹在筊表層粗糙的紋路上，來回游走，空氣中瀰漫的貢香與汗水的氣味竄入鼻腔，我緊閉雙唇，深怕一不小心，秘密也會洩漏出來。

　　深吸一口氣，偷覷眼前如如不動的月老神像，在心裡默問。

　　「請問月老，我有機會和前任復合嗎？」
　　擲筊，陰筊。

　　啊，果然是沒有機會的。欸，不一定月老不知道她和我一樣是女生。
　　深吸一口氣，決定再問一次。

　　「請問月老，我有機會和前女友復合嗎？」
　　擲筊，笑筊。
　　我似乎看到月老笑了。欸，是有機會的意思嗎？
　　「請問月老的意思是我有機會和前女友復合嗎？」
　　擲筊，陰筊。
　　看來是沒有機會的。都第二次陰筊了。是不是該換問題了。

　　「請問月老，……」
　　我卻步了。這刻，我不知道我想問什麼，又或者，我可以問什麼。
　　耳邊傳來筊擲落地面的清脆聲，聖筊，笑筊，陰筊，陰筊，笑筊，聖筊，此起彼落。
　　如果問了，答案又是否定，那該如何是好？
　　算了，大不了就順著社會期待，和異性交往結婚吧。
　　額上的汗珠攀附在髮梢上，空氣中黏膩到令人窒息，輕撫著筊的邊緣，指頭繞出一圈又一圈的弦月。
　　我要鼓起勇氣問了！

　　「請問月老……呃……我是女生，我可以和女生交往嗎？」
　　將筊舉到額前，雙膝跪地，挺直身體，雙筊，自由落體。

　　匡啷——匡啷——匡啷。聖筊。
　　我鬆了一口氣，也明顯感受到眼眶周圍的濕潤。

　　那你還想要問什麼呢？神明是不會說話的。
　　我聽到的是自己的問題。

「請問，我會遇到正緣嗎？」

匡哴——匡哴——匡哴。

*

朋友分享她們同居的趣事，預計年底登記結婚後，去美國人工受孕，各自取一顆卵，放到其中一人的子宮內，網路上有很多參考管道，很多成功的例子，雖然要花上一筆可觀的金額，但是對愛孩子的她們來說，是值得的。

「那妳們呢？十年了耶！妳們交往這麼久了，有準備好進入人生的下一階段了嗎？」

坐在餐廳內的我，咀嚼著我們的對話，面對朋友的提問，霎時，覺得相當不可思議。

十年前的我還在因為無法分享戀情而困惱，根本無法想像十年後的自己能自在地坐在餐廳內，和朋友們談論與同性伴侶的生涯規劃，更無法想像我們是可以與自己的愛人組成家庭，甚至我們可以共同養育自己的下一代。

「看到我們的生活，有想要結婚了嗎？」朋友繼續問著。
我與女友牽著彼此，相視而笑。

神明是不會說話的，但是祂會給我們指引。
我一直記得，十年前，在遇到女友之前，筊在地板上清脆落下的聲音，躺在月老殿前，一紅一褐，一正一反，完美的微笑。

更傾芳酒酹花神——記 2023 年花朝節 ◎施靜宜

「便賦新詩留野客，更傾芳酒酹花神」──朱熹〈次秀野韻〉

今天是農曆二月十五，是一年一度的花朝 (音招) 節。花朝節，也稱為「花神節」、「百花生日」或「花神生日」。這一天同時也是「驚蟄」，花朝碰上驚蟄，這一記從大地勃生的驚愕，彷彿聽得到了花開的聲音！

古人認為二月半的花朝與八月半的中秋是相對應的節日，中秋節在古時被稱為「月夕」，春天的「花朝」對秋天的「月夕」，古人向來以「花朝月夕」並稱，意指為良辰美景。

淑景遲遲，和風習習。在此時節祭奠花神，其實是淵遠流長的古俗。舊時認為種花、養花、賣花的人都要祭祀花神，以祈百花盛開，春色滿園；又因花神掌管人間生育與美貌，因此人們也透過祭祀花神，祈望為自己帶來美好的生活。

說到祭祀花神？花神又是誰呢？
自古以來，關於花神就有很多不同的說法，一說是《淮南子》所提到的女夷，女夷是春夏長養之神，這是自漢代以來就有的信仰。一說是《花木錄》裡的花姑，花姑是唐代人，原名黃靈微，是一個善種花的女子，號花姑，也是個修道的女道士，據說年過八十容貌仍如處女，羽化後被奉為花神。

歷代人們也會將善於種花的園丁妙手尊為花神，也就是遵奉花木行業的祖師爺為神，如善於種牡丹、把牡丹變成五顏六色的宋單父。

另外，最常見的莫過於以人比花，如將十二美人或十二個愛花文人比附為十二月的花神，因此有男花神與女花神兩種方案。而在曹雪芹的《紅樓夢》，則把十二花神作為金陵十二釵的轉世。

對既是種花、餐芳的我們而言，對這主管人間草木花卉的神靈覺得最是難以被形象化的，因此在花朝日這一天清晨，我們來到了園子裡最暢旺、開得最蓬勃的一棵花樹，祂是花奴先生精心育種的薔薇，我們把它命名為「笑春風」。

就在自己育出的「笑春風」薔薇下，設下了香案舉辦今年的花朝祭典。我們採擷園中各種鮮花，仿古製作了百花糕，點燃馨香、合掌冥想與祝禱：

深深感謝上天的護佑與鍾愛，每年春來草木茁長，絲絲和氣吹進了萬物體內，滿眼盡是新綠與花光，內心就像新添了柴火的爐子，一瞬間烈焰轟起，隨著舞動的火舌不斷竄動著，令黯黝的一室瞬間華彩。

春來，總是不能自已地就是要哀感頑艷一番，想到自己「還有這麼一個弟弟」(黃荷生詩)！生命於此復活、在搖搖晃晃的世道裡辨識自己還有一顆不滅的本心。

謹以一顆最敬謹的心祭奠花神，祝禱花神常駐、百花鮮妍、人與花得氣俱明媚！當然，最重要的是花奴先生的玫瑰育種大夢早日成功！最後向育出各種花草的大地母親撒酒為祭，感謝大地母親孕育一切的大美與大德！

有什麼在那邊經過 .... ？ ◎丁名慶

有什麼經過。也許有也許沒有。你說有就有。
你心裡有就有。沒有就是沒有。

你看向範圍愈來愈窄小的一無所有之處。
你什麼都看見。什麼也都看見你。

也許你在等。
把自己等成了石像。
也許你的石之肌膚在代替你呼吸。

51

你是惚恍之木酩酊之石。有什麼經過你，就只是經過。
你像持續在時間之流中剝落自身的構成。

還是這世界的什麼剝落著而你在下迎覆。

也許在水底。上善若水極惡也若水。
有什麼上浮而你沉落。什麼經過你。
那經過你的曾經屬於你但也終究不屬於你。

你在我們之中。我見過你但我不認得你。

繪圖作品《覺》
水彩八開

覺 - 夜瞳繪圖作品 ◎鄭嘉華

沒有特定的宗教信仰，但是我相信靈，也相信所有的神鬼都是高靈。

幾年前一場大病後開始練習靜坐與冥想，在腦海中經常浮現各種畫面，也模模糊糊接收高我訊息，靈媒似的知道這世界的某部分真實。

我想畫高我，但其實我沒看見她，在這幾年的接觸中我總是突然的接收念頭，冥想時也只能看到一團光或是影子，比較有具體畫面都是其他，所以最後決定畫我第一次在宗教法會靜坐時見到的飛天，朦朧的臉，妖嬈的身形，在紫色的靈光中舞蹈。

她之所以降生於世是為了幫助人，而想幫助人是因為愛與關懷，她好愛這個世界。

那是我自覺的起始。

脊系列 ◎蔡宏賢 X 超維度互動 dimension plus

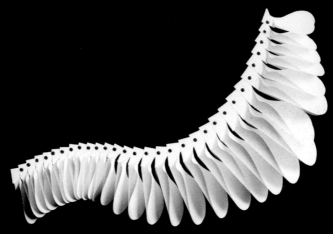

圖片來源:Courtesy RFK Studio

2013 年的脊系列創作，基於折織計畫的基礎，以數位製造與手
工折紙發展而成，兼具了柔性與剛性的特質，能夠創造出結構
穩定連接的脊椎骨同時又能展現柔軟近似植物葉片的樣態，當
這兩種特性組合在一起變體生物，形成一種奇幻的脊椎生物，
像動物又像植物，提出新的生命形態的提問、創造與幻想。

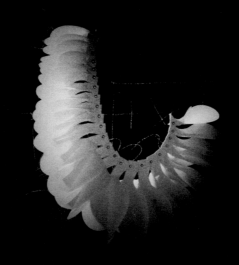

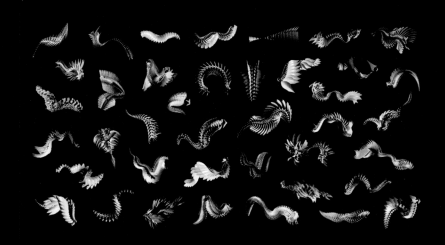

2023 年的脊系列，以參數演算為基礎，結合人工智慧的生成，
從生命體的元素、結構與運動模式，衍生出更為驚人奇觀的生
命型態與數量，面對人工智慧的高速發展進程下，對於生命創
造過程與創造依然充滿好奇與期待。

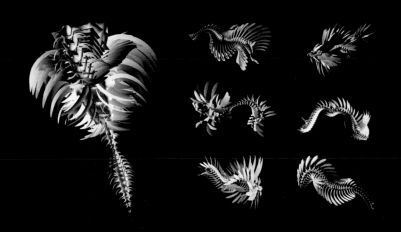

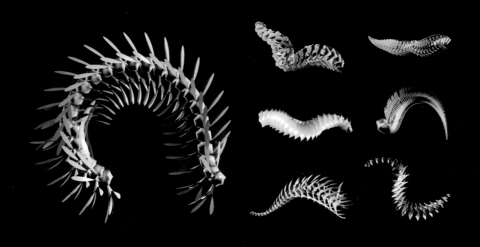

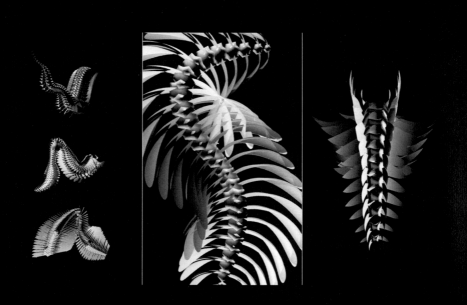

神思

光不走直線，因為引力。
看不見的曲線構成無窮盡的凹陷，直達不可思議的奇點。
黑洞，是升維的道路，不是終結，沒有毀滅。
是無限可能，是創作者凝視的深淵，
那創作之前不可見的事件界限。
《南齊書·文學傳論》:「屬文之道，事出神思，感召無象，變化不窮。」

緣之空 ◎右京

（作者按：此組詩包含四則故事，不同的故事，有不同的閱讀路線。
故事有交錯，也有獨立，一如心與心之間會發生的碰觸。
風中的餘韻，順序：1，2，3，4
火端的光芒，順序：1，2，5，6
地底的熔岩，順序：1，7，8，9
湖面的蒼穹，順序：1，7，10，11，12）

1
穿過青空，列車
就拔入了過往
甘美與侵蝕
全在那邊等著

2
某些樹影幾乎忘卻
某些音樂從未耳聞

3
撥開葉子
溢出軟軟的旋律

4
把陽光煮成一首
綁不住的大調

5
吸夠了淚
它們就蔓生

6
把夢留著不摘
就不會失望了

7
罪孽，是血
誘惑當然是蚊子

8
被掀開也無法停止搖動

9
如同寧死也不願安份的煙火

10
滿空轟鳴
喊住時間痙攣
乞求視線的交會

11
交會的一瞬
是宇宙的重生
命運自孤獨的惡水中
獲得打撈刷洗
天空悠遠天空悠遠
回音力場壯美
無處不穹

12
然而，侵蝕也如影隨形
繃緊的黑洞吞噬所有邊際
我們無處可去，但我們擁有此地
這次，我們要流出屬於自己的湖
乾淨，無聲，沒有侵蝕
連眼淚都是純的
一滴淚就蘊含整座晴空的遼闊
小指勾勾
身體勾勾
靈魂勾勾
再也不會分解
再也不會分解

風中的餘韻 ◎右京

穿過青空，列車
就拔入了過往
甘美與侵蝕
全在那邊等著
某些樹影幾乎忘卻
某些音樂從未耳聞
撥開葉子
溢出軟軟的旋律
把陽光煮成一首
綁不住的大調

火端的光芒 ◎右京

穿過青空，列車
就拔入了過往
甘美與侵蝕
全在那邊等著
某些樹影幾乎忘卻
某些音樂從未耳聞
吸夠了淚
它們就蔓生
把夢留著不摘
就不會失望了

地底的熔岩 ◎右京

穿過青空，列車
就拔入了過往
甘美與侵蝕
全在那邊等著
罪孽，是血
誘惑當然是蚊子
被掀開也無法停止搖動
如同寧死也不願安份的煙火

湖面的蒼穹 ◎右京

穿過青空，列車
就拔入了過往
甘美與侵蝕
全在那邊等著
罪孽，是血
誘惑當然是蚊子
滿空轟鳴
喊住時間痙攣
乞求視線的交會
交會的一瞬
是宇宙的重生
命運自孤獨的惡水中
獲得打撈刷洗
天空悠遠天空悠遠
回音力場壯美
無處不穹
然而，侵蝕也如影隨形
繃緊的黑洞吞噬所有邊際
我們無處可去，但我們擁有此地
這次，我們要流出屬於自己的湖
乾淨，無聲，沒有侵蝕
連眼淚都是純的
一滴淚就蘊含整座晴空的遼闊
小指勾勾
身體勾勾
靈魂勾勾
再也不會分解
也不會分解

（發表於 2012/11/01 出版之個人詩集《幼鯨的海底遺跡》）

病中看明朝 ◎右京

將神佛縮小
握在掌中
像握住自己的屌
蘊含生的脈動
和創世的狂喜

然而活物有著無盡的動向
發光的種子可能開出各種奇花
生命的演算必然失序
列車在軌道外急速噴發
你以為你在回憶
其實你正在被撞擊
你以為你在壓縮
其實你正在被存取

無數青蛙躍入翠綠的死
死去的河馬們
在新的次元裸奔

沒關係，是上帝 ◎王天寬

聽說上帝造人
用自己的形象
還聽說
上帝給人自由意志
讓他的全息投影去選擇
信或者不信
給他們自由
再將一半以上的人
打入地獄
這些聽說
人們都聽和說了太多
但我覺得不是這樣
上帝造想法
而且他造的不只兩個與他
直接相關的想法
他造了世界上
所有的想法
過程中他發現
他的想法有限
所以他跑去跟鄰居借
他的鄰居住在
地下室
是個宅男
「真是個宅男」
這個想法是上帝上樓時想到的
他趕緊記下來
然後才開燈
筆記本上的字歪歪斜斜
他發現光的重要
於是他說
「要有光」
這是個原創想法
電視機裡的觀眾都知道
這些想法一共花了多少天去想
去問
然後記下來
不多不少
不眠不休
沒關係

是上帝
上帝造想法
再將人們丟進這些想法裡
喔耶噢 NO
比所有想法更顯而易見的是
人比想法多
「這也是個想法」
所以人跟人常常在想同一件事
或者心有靈犀
或者心心相映
「這也是個想法」
「三個」
誰在說話
我心裡的上帝嗎
上帝並不在我心裡
「這也是個想法」
噢 NO
我要寫得更快才行
才不會被
「這也是個想法」
插話打斷
我要直接用想的
你要跟著我
有一天
當你跟我想著同一件事
你就會寫下
上帝造想法
上帝是平面的
他的全息投影
就是上帝造人這個立體的想法
事實上
他的所有想法
全部都變成立體的
像一個個小房間
「所以我們才無路可出啊」

「這也是個想法」
「竟然對話了起來」
竟然對話了
「起不來」
有一天你這樣跟我說
有一天你不再來找我
但我們
仍舊可以想著同一件事
只要上帝
去搖晃那些房間
或用更暴力
更靈巧的方式
像先把人們轉移到角落
的中繼站
正面思考和前男友就是兩間
角落的房間
「這也是個想法」
「不，這是腦補」
是啊
是腦補
是作文比賽
有一天你會不會承認
我也有原創的想法
你會不會後悔不再來找我
我不會承認
我不會後悔
但我們偶爾
會在同一個想法裡
這是後來
我們唯一待在一起的方式
你比我更清楚
因為你不會像我一樣
以為我一直在想你
原創的想
「你在想什麼」
「你又在那個房間裡了」
「是啊」
接下來

你會想知道人是怎麼來的
既然都不是上帝造的
「但上帝擁有我們」
「顯而易見」
好像我們分開以後
你就對人本身有了想法
很科學
也很悲觀
我們對坐
不在同一個房間裡
你的房間有變形蟲
有猿人
有上帝在想
「重點不是你在想什麼」
是你在哪裡
「我不在你身邊」
你說。

《開房間》（有鹿文化‧2018）

如果上帝有玩 Tinder ◎王天寬

「我最近慘到
覺得加入上帝好了」
我傳訊給 Tinder 教友 [1]
傳完立刻後悔
不夠 fun
不夠表達我的絕望
「我最近慘到
覺得加上帝的 Line 好了」

在 Tinder 上
一開口就要 Line 犯了許多夏娃的大忌
而亞當吃了智慧之果的下場則是
知詐騙
自介上直接留 Line 帳號的
八九不離十
另外那一點五也很難相信
是什麼好運

上帝動動手指
這人上天堂
那人下地獄
Tinder 的邏輯複雜一點
左滑 dislike
右滑 like
上滑 superlike
O my GOD

上帝叫了自己的名字
因為連續兩個人
祂都想送上天堂
上滑上滑
難得的事
立刻跳出要祂付費的頁面

---

[1] Tinder 之友和信教友人的簡稱，而不是我們共同信奉 Tinder 教，除非它許
諾我們永恆美麗的打炮時刻。

上帝沒有 pay 的概念
祂只知道
無償奉獻

上帝手滑了好幾次
也難得了好幾次
每次都耐心等待二十四小時
終於在第六天
掌握了這個 APP 的秘訣
左滑右滑
不要連續
上滑上滑

於是祂又等待了一天
著名的休息日

不約不聊色
也無法讓人上天堂
上帝的自介如是說

免費用戶
每天一個額度的 superlike
要給誰好呢
這對上帝而言
不是一個困難的問題
困難的是
怎麼在健身照
貓照狗照和各種 PS 過的照片中
找到一個基督徒

台獨分子
文青
Lady boy
甚至韓粉
都比基督徒更易辨識
同志呢
我們就不要拿這個問題為難上帝了

「上帝一點都不喜歡萌萌」
上帝有一次在推特忘了切小帳
用第三人稱推文
萌萌堅持上帝在反串
不怕死的異教徒
則開始照樣造句

上帝：上帝最不偏心
上帝：上帝愛人如己
上帝：上帝值得一座 FMVP

抱歉
那是 KD 不是上帝

上帝把 FMVP 給了可愛
冠軍給了加拿大
勇士和美國同時因破壞平衡遭到懲罰
怎麼從 Tinder 跳到 NBA der
NBA 也有人在玩 Tinder 嗎
球星需要約炮軟體嗎
Tinder 上有每一次約炮都是為了榮耀上帝的人嗎

連續四個問題
將上帝拉回現實

（又忘了切帳號但大家都習慣了）

上帝朗誦玫瑰經的句子
「上帝，賜予我平靜讓我接受無法改變的事情
賜予我勇氣讓我去改變可改之事
賜予我智慧讓我能區分以上兩者」

上帝太喜歡這三個句子了
尤其當祂發現
自介拿掉不約不聊色
改成三個賜予後
配對機率大增

但漫漫長夜我的主
我仍舊沒有配對到祢
是我手滑還是祢性別設成 male
兩者都將使我們永遠錯過

我仍頁頁滑著 Tinder
祢仍夜夜滑著 Tinder
我們有勇無謀地去改變不可改之事
萌萌和愛
神愛世人
也有不愛的時候

如果上帝有玩 Tinder
如果玩出了心得

不再以善惡視人
以外表
以幽默感
以貓派還是狗派
獨派還是統派

或在最絕望的時刻
拼命右滑
只為了配對到一個人類
交換 Line
而非交換信仰

交換愛
而非交換信仰

《如果上帝有玩 Tinder》（時報出版‧2021）

沈默的愛 ◎林仕健

當氣候變得不再適合愛情時
那些隱晦而孤僻的夢境便反覆重現
郵差總是在固定時間送來包裹和玫紅色的祝福
而現在灰藍色的陰雨連綿
他從未曾再出現
浴缸長滿青苔 越過窗戶蔓延到陽台
鉛灰色的陽台在盼望著一點綠、一點光和一絲對愛的渴望

一日俱在 ◎張家祥

——起於溫德斯《公路之王》

睜開眼
有個人躺在身旁
他聽著音樂
你也聽過
在睜開眼之前
摸黑前進

你相信摸黑的手
或音樂
或眼睛呢

有一雙眼睛和你對望
安靜的眼睛只是看

你們各自行動
為早晨
為光明的日子做準備
有人先出門
有人望窗
有人又回來
屋裡剩下幾個人
剩下多少聲音呢

一天你又醒來
又比對了原本暗中的事物
在光明裡是什麼模樣
在光明裡
你知道都在
但找不到暗

你看著他
和他躺過的床

熟悉
並默不作聲

小幽靈　◎邢辰

我死去之後，媽媽把我種在院子裡的李樹下。她一個人從城市
跋涉，回到我們遺失了很久的房子。白天，她將樹枝放進爐灶，
燃燒的火是她的伴侶。夜晚，房子四周的幽靈織出一塊透明的
布，保護她的夢境。

日子在四季輪替中消逝，媽媽的記憶亦是。現在她的生活中只
有燒火和睡眠兩件事。燒火的時候，她進入夢境。睡眠的時候，
她回到童年。

長在泥土裏，我變得愈來愈稀薄，同時愈來愈寬闊。我長滿了
一整個院子。太陽不躲避的時候，媽媽從灶前回頭，她看著李
樹投在地上的陰影，像是看到一個小幽靈在玩單腳跳繩。然後
她摘了顆李子，又跑到櫻桃樹下擼一把櫻桃，通通把它們放進
嘴裏。

夏天是果實成熟的季節，小小的幽靈在整個時空中蕩一隻鞦韆。

新年快樂 ◎邢辰

好像是春日
空氣裏濕潤的鳥鈴
在一些活著的和死掉的草叢中間
喜鵲幽幽地思索
關於去年的記憶

天氣也大病初癒
淡黃色的光，十二攝氏度的小風
他們都回來了
從哭泣中醒來
臉上粘貼一張叫做失去的粘粘紙

世界很輕
好像蛋殼一樣
笑聲微微的靜靜的
好像初次的約會

所有的疼痛都留在去年
今天是世界痊癒的日子
一顆柔弱的心遲遲地沐浴
且仁慈，清清地回到樹林裏
女巫也大病初癒

她攪拌玻璃瓶裏的藍色藥水
一半喝掉一半倒落在草叢
風鈴緩緩搖晃它的心情
它說祝你新年快樂
喜鵲也開始鳴啼

淡漠 ◎孫得欽

一個人歷經無數次相同的人生
重複所有相同的錯誤
又歷經無數次不同的人生
創造過所有不同的錯誤
這些經歷，無論感情如何熾烈
恐懼和痛苦如何鮮明
愛過的人如何逼真
漸漸像一幅長卷軸上的小細節
清晰但遙遠

帶著這所有經歷的覺知
他覺知的範圍從自身向外擴大
慢慢侵蝕
直到吞噬掉整個宇宙
直到他逐漸理解一切
時間對他失去意義
千百劫來全體存在的遭遇都進入他的覺知
乃至無論是聖誕節、詩人節
還是萬聖節，對他來說都在同一天發生
也在每一天發生

最後留下的自然是淡漠
然而淡漠的中心是一朵玫瑰
在花瓣的漩渦間
輪播著極簡的鋼琴曲
兩三根手指就能彈完

二月 ◎廖人

花樹吵雜
暴力安靜

周身清冷
蛇進入鋼琴

天空是沒法寫生的
少年憂真
憂不真

年輕的君王
在曠野
放牧惡靈

看洪水
高高站在岩壁上

你停止演奏
走回自己的身體

穿過破碎的鏡子
面向
三千個中央

來往的風都被切開

你是音樂
以萬物為懸崖

（收於《2022 臺灣詩選》）

莫可言說 ◎劉崇鳳

不曾與造物主這麼接近過──只要抬頭，祂就在那裡。

你常聽關於神、關於萬物間移動的靈、關於上帝、關於造物主......人人談及 祂，卻少有人見過祂，即便就在周遭，就在當下，我仍只能存放心底。

但現在，只要抬頭，祂就在那裡。

森林安靜，高大林木拔向天空，如使者散播訊息。但沒有人聽得懂，或說，沒 有人靜下心來準備接收。那聲音非常細微，細微到，你必須放下所有（連自己 也放下來），也不一定聽得明白。

但那一刻，我們讀懂了一點點，驚愕地看向彼此，圍圓大聲唱歡迎歌的同時， 搖頭晃腦，以匍匐在地之姿，忘了全部，火光前，我抬頭，月光下，森林在微 笑（祂很高興，真的很高興），一如當初入山時，我感受到的，森林複雜的凝視 一般。 我困惑於那樣複雜的凝視，森林也有......情緒？人們說著說著，關於山的，電光石火一瞬間，我突然間抓取到，那非常隱微、極其清淡的一抹，惆悵。

「惆悵。」我說。

然後聽見你的喉嚨湧上一聲「啊」。沒有吐完全，又硬生生嚥下。

是，就是這種複雜。這是自然對人的愛戀疼惜，人對自然卻有依戀障礙。如同 我們對身體的使用權，理所當然，一要再要。森林與身體，都是載體。我們對 待身體的態度，決定我們對待自然的態度。

第一次那麼近距離覺察到，山的希望。幾乎要落下淚來。於是在那一刻，我與 山，並無二致。

我不知道怎麼訴說，關於這神鬼交會的一切；我不知道怎麼分享，這無科學依 據的神祕經驗；我不知道怎麼傳遞，土地至關重要的訊息；因為我尚未準備好 面對，人們的不置可否或睥視，他們會不會說：「你瘋了。」

我從山裡出來，走入日常世界，我切換自己，我時常練習切換，我以為我已在 山林與城市間穿梭自如，但這一次，切換得不是很順暢。

在面臨人們議論「我瘋了」以前，我先遇見一個瘋狂的世界。意識與慾望的奔 馳帶走了我們，遠離身體，我之肉身、與島嶼之身。於是當我，閉目冥想，火 光映照圍圓的臉龐，月光灑耀，巨大的森林靜謐低語，無聲傳遞著難言之隱－－守護之奧義。

兀自怔忡起來，我們知道我們要守護的是什麼嗎？只能不停奔馳奔馳，為工 作、為摯愛、為渴望、為夢想......這肉身，與島嶼之身，盡其所能供給與配 合，直至氣力耗竭、警鈴鳴響。

與神之會，發聲謳歌，大哭一場，如夢一場。但你知道這不只是歌與眼淚，不 只是夢，你知道你走得很深，而生活仍需如常，你知道你不一樣了，而生活仍 需如常。

我感謝生活，生活像土地，務實且反覆涵養，耕種不忘養土、耕種不忘養土， 那是一條漫漫長路，神鬼交會以後，穿越邊界，我們回到日常，莫忘森之密 語，莫忘大丈夫之允諾:清掃、煮飯、整理、敲字，保持聯繫與溝通之耐性， 堂堂走入瘋狂奔馳的世界，深呼吸，拉緊韁繩，拉緊、再拉緊，提醒自己：徐 徐前進，以，柔軟之心。

森林的氣息就這麼收進身體裡了，帶著訊息活著、勞動著、走著、睡著，這是 凡夫俗子之奧義，如同森之奧義。

墮落於夢幻 ◎葉昀峰

而如今已沒多少人記得
夕日閃耀的沙灘曾冠著
女神的名字 海潮浪花拍打腦海。
第一次說服了妳
人類生來便是畏懼
溺水的生物——
我以為這樣就能讓自己
學會游泳

相遇如紅寶石的時刻
墮落於夢幻
不斷嘗試拉直一條曲線
避免飛行的必然；
小學三年級的夏天
第一次看見
從空中墜下的蟬
它一動也不動，即使
我直盯那雙望向死的複眼——
薄翼的紋路開啟輪迴

但在夜晚
在很久很久以後
背對著後台擠滿的古希臘
英雄
演說正式開始：

我要愛！
我要愛！
我要愛！

一時之間
我們忘記了如何指認惡魔
將信仰編織成厚毯
裹著情色，裹著謊，裹著
街頭上，眾人大聲呼喊，
而我
逃走
趕在鬧劇重映之前——
許多人再也沒走回這座廣場
剩下的人發現
只有腳步才是
渴望的終點

離開家鄉的那一天
我最後一次練習游泳
抬頭 吸氣 划水
抬頭 吸氣 划水
然而，在水下
影子找上另一個影子
相互牽引。
我將剩餘的呼喊嚥下
第一次練習不再漂浮的方法——

卻瞥見妳的臉
墜落於夢幻

終站 ◎高平遠

列車駛進空蕩蕩的月台
無處伸展的軌道跪成一個頑固的姿勢
他提起空蕩蕩的行李
站起身
數十年前
從三月春雨到五月梅雨
死神超過五千公里的追逐召喚
他逃過了
穿梭在砲彈與砲彈間的縫隙
彎過斷橋與粉碎碉堡間的焚燒
他也逃過了
隨著時間一站站的停車　起步
同伴們一個個來得及或來不及告別的下車
這次
看著空蕩蕩的月台
他逃不了也不想逃開歲月的召喚
放下行李
轉身
並留下空空的車廂

父親節

終於，我也要面對第一個空白的父親節。

老爸不是愛過節的人，任何的節日甚至於生日，對他來說都只是過日子之一，但是，他對過節唯一的感受是父親節跟過年收到紅包的時候，給他紅包的時候他總是會說不用不用，錢自己留著吧，但是一接過紅包，立馬打開，就在我們面錢算起錢來……，然後滿意的放進口袋裡。也許對年輕時總是過著貧苦生活，中年好不容易賺來的積蓄又被人倒帳倒光的經歷來說，算一張張的鈔票要比甚麼都來得快樂。過節，不是那麼重要。他也一直到年過 60 之後第一次返鄉才知道，已經過逝的奶奶在他每年生日的時候，總會偷偷的躲在老家的後院燒紙錢給他，殊不知，這個以為已經不在的兒子，比她還多活了半個世紀。現在，他們母子可以去好好算算這筆帳了。

鄉音

少小離家老大回
鄉音無改鬢毛衰
兒童相見不相識
笑問客從何處來

小時候讀到這首詩的時候一直覺得很奇怪，如果少小就離家，怎麼會有鄉音？就像高爸，17 歲離家，就說得一口標準國語。從小就會來我們家的那些北到黑龍江南到海南島的叔叔伯伯們也都說得一口好國語，哪來的鄉音？

直到國二，有天留校夜讀，被廣播叫到訓導處，國一時的班導問我爸的鄉音是不是很重？我還回她沒有，老爸的國語很標準，她很懷疑的說，只聽得出一個老伯伯的聲音說要找高 XX，其他說甚麼她完全聽不懂，全校應該只有我姓高..... 叫我還是打個電話回家問一下，結果，真的是老爸打來找我.... 原來我從小聽習慣的那些大江南北的" 標準國語"，對其他人來說，根本是另一個世界的語言。

歸鄉

以前舞台劇相聲裡" 四郎探母" 的段子有過一句" 老人家一輩子沒出過國，第一次出國就為了回國..." 這大概是很多像老爸這種人的寫照，十七歲帶著奶奶給的全家僅有的兩塊錢離家，一路曲折到了江南，用僅剩的一塊五毛錢在路邊買了把槍，從了軍，也給自己買了張時代的單程票，再回鄉已經是近半世紀之後的事，已經無法想像，當年連要他出門到附近鄉鎮都很難的老爸，如何一個人提著一堆要給親戚的禮物，六十多歲，生平第一次搭飛機，先到香港再轉機到上海，再從上海搭近十六小時的車回家，他是怎麼辦到的？而在台灣聽慣" 你們大陸來的..." 這句話的老爸，回到老家，只剩小時模糊記憶的大妹跟四弟還有素未謀面的五弟，那些血緣很親近；交情很遙遠的人最常跟老爸說的一句話是：你們台灣人.....。老爸回來之後說，他都搞不清楚自己是哪裡人了。

放手

幾年前有一次老爸在整理他的皮夾（其實他平常唯一能讓他出門的理由幾乎就是去跟鄰居借來的田裡種菜，搞不懂他為什麼始終帶著一個皮夾），裡面翻出一張三十多年前四十五萬多的支票，我知道那是他退伍後辛苦了近十年的積蓄，一通電話一聲對不起就化為烏有，我好奇地問他，為什麼那時候沒把支票軋進去？他說軋進去也拿不到錢，留著，代表他曾經欠我…其實那時老爸只是聖誕燈代工的大盤，他大可兩手一攤，跟那些做家庭代工的婆婆媽媽們說工廠倒了，沒錢拿。但是他卻硬著頭皮把自己的積蓄全都墊了出去，因為，他寧願別人欠他，也不願意欠別人…就像幾乎所有的老同袍們都為那張用命換來的戰士授田證只能換到 20 萬，成天抱怨罵政府的時候，老爸最常說的就是，就當國家這輩子欠你的，下輩子再要回來吧。一個連 183 個人，在福建 - 浙江 - 福建的山裡流竄了三四個月，在基隆上岸的時候只剩下三個，後來又經過古寧頭、823，老爸說，能活下來就很好了…聊天的叔叔伯伯們馬上就開始比誰的經歷比較曲折，誰的戰役比較慘烈……至少那一瞬間，他們忘記了那張不值錢的青春換來的泛黃。

記憶

兩三年前的大年初二晚上，我跟老爸兩個人坐在客廳看著電視，老爸突然問我是哪一年到台灣的，我一時無言以對，不知該要糾正他錯亂的時空與記憶還是順著他的邏輯跟他對話。
我總是記了太多該記不該記的事，到後來都不知道是我的記憶好還是那些零零碎碎的片段記憶根本是我自己在大腦裡築起來的虛幻城堡。在更多年前，老爸還會再把他說過一千遍的年輕時的故事再拿出來說的時候，有一次我終於忍不住問他，我小時候是不是有住在鐵道邊？他說有，我又問他那一隻快跟我差不多高常常追著我要啄我的公雞是誰養的？他說那是他養的鬥雞，那旁邊大樹底下為什麼常常綁著一隻黑山羊？那也是他養的。為什麼老媽常常早上出門就從門外把我們兩兄弟鎖在家裡，中午我們自己就從電鍋裡挖飯出來加水加砂糖吃？老爸說因為

那時候老媽在磚窯廠上班。老爸說，可是這些事你怎麼會記得？
那時候你才兩歲，連話都還不會說，還以為生到了一個啞吧兒
子 ...
那是我兩歲的事啊！
發生過的事果然不會忘記，只是想不起來。
而關於老爸的種種，也許總有那麼一天會再也想不起來，但是，
永遠不會忘記。

2019/8/8

有應公 ◎張士峯

旱田土泥路
拐彎處
老榕樹長垂根鬚
根鬚吸吮焦枯
焦枯的空氣

低矮小石廟
披亂草
空爐邊紙人斜靠
斜靠瘦犬嗚嚎
嗚嚎的迴風

瘦犬抖顫
紙人不安
紙人一身木架空蕩
紙人殘破的眼框有輕灰飄散
夜風中
紙人起身入荒野
流浪

渡冥河　◎張士峯

渡冥河
輪迴一世盼回首
有情遺世
百鬼千苦萬萬愁
莫奈何

舟燈微岸照刀山
黑水浮沫漂血灘
渡冥河
六錢擺渡換許可
莫奈何
有情一世
不再得

渡冥河
輪迴千身再回首
有情遺世
一世深情萬世憂
莫奈何

枯骨危塔風吹砂
湯鑊油渣滾浪髮
渡冥河
九泉汨汨難止渴
莫奈何
有情遺世
難再得

渡冥河
莫奈何
輪迴萬回願回首
有情遺世
願再得

夢想中的詩歌節 ◎翁文嫻

2002 年 台北《文化快遞》9 月號

心被碰到了，動而成詩。詩語言可發出一陣陣的光織網，將死去的人與活著的人，東邊的或西邊的甚麼，無厘頭地連成一片，我們在寬闊呼吸中去到太初以來的純真無邪——這全部過程又可是極私密的事，某人某刻在斗室或暗角中便完成。但是，如果要變成「詩歌節」，那就好比將一些會發光的字，從天上摘下來，黏到社會群眾的眼前、身上。

詩歌節的宗旨可有二：一、親近那些已出現了的詩的文字；二、抽出那些尚未爆發的、龐大熔岩狀態的，在眾人深藏的詩意。

不是很遠的昔日，還會用毛筆時，詩不時掉在客廳飯桌間，文字的美離我們很近。現代生活改變，則必須換一種方法。詩歌節的項目之一正需要大型的「詩展」，將詩文字與裝置藝術結合，詩可以寫在長裙上、帽沿邊、撐在傘面、寫在內衣褲上，用竹竿吊起來。隨著詩內容的轉變，展出可以是千奇百怪的。有人用麻將方塊刻詩，觀眾看完正版還可自己搓亂重排；有人將詩投在水缸底，透過水的演漾閱讀；有人將幾百行的長詩一句一紙條長長吊著，隨風吹盪，詩名曰「鞦韆」，男女不對焦的愛請語句，起起落落，令人心神錯亂。古人光是吟詠派別就夠繁多，但現在詩可用吉他，也可用搖滾的，雖然若干名詩人已有不少文字譜了曲，但「詩歌節」的意義正是「發生進行中」才可貴，因此，我們要那些未出版的詩文字，請作者本人自徵寫曲的朋友為他譜歌，即席唱出最新鮮的創作。如果有舞蹈就加舞蹈，會演戲的就加演戲，參與演出的事先登記，主辦單位稍微分區排先後，完全的自發，將創作者拉上觀賞者，才情便可瑰麗燃燒。

因為詩的靈魂在於「字」，每一個字需慢慢吟味。主辦單位便必須將參展的詩編成詩刊，預先讓人閱讀，再附記每一首詩的展出方式、時間、區域等，可按圖索驥尋找。詩裡「字」的空間宏大，可有許多解釋，開研討會未免太正經，不若鼓勵

小撮一小撮的人，樹陰下咖啡旁激辯，吵個面紅。或者可以請作者在一旁，細說從頭，或者喜歡時吟詠一兩下，聽眾必須付費（金錢與詩是平衡的）。而且，前所說的詩之裝置，也可以來個「大黑店」般買賣：作者說喜歡這個人今天子夜可來電溝通，一吻成交，或者有些只要半打啤酒。已前有椿買賣不錯，主人將詩換來一隻波斯貓。喜歡錢的可用錢，喜歡貝殼用貝殼，一切隨主客雙方的意。想到錢還有更有賺頭的，就是用現代詩作成「籤」問卜。大可開放三五個不同的詩社（最好是老、中、青不同年齡層的），各自設計不同的「神」及「儀式」，重點令觀眾念力集中，達成某種氣氛，求問。各年代詩社選出作籤的詩自然不一樣，那才有趣。但現代詩語意的模稜兩可與難解，絕對比古詩過之無不及。因此，解籤的人，權高威重，面相莊嚴為心過癮，這絕對比大學講壇上的學者表情及靈感多一百倍。令全台北市民大街小巷，公車站旁都可以籤詩問情問財，便達致全民讀詩的運動了。

要開掘群眾的詩感覺，先從識破文字污染開始。詩歌節重頭戲需在月明星高的夜晚，將城市裡說自己尚有夢的人帶到廣場，或點燃火把去一個森林公園，燒。將自己說錯的話，有遺憾的話寫下，將所有不能真誠、沒創意、不對題的公共文字（夠爛的電影譯名、政府文宣、夠疲乏的政治人的話），謊言，嘮叨道理，全部寫出來，如送垃圾時間般拿去，燒，讓它們變成灰，消失在清空裡。

接下來，如果有流觴曲水，可以喝酒；有點點音樂，可以清唱；主要是先認識你身旁的人，然後呢？然後有幾千百種可能的途徑。韓波說，他抱起靴子，輕輕彈弄如六弦琴般的鞋帶斜坡上，一個大菜籃般倒在臉上，那滿筐深邃悠久的神秘。

言之寺院時間線

這一個特定宇宙，吾等皆存在其間，
是詩的引力將眾星會集，在穹窿拱頂，在言之寺院。
一條條與阿翁聯繫起的因緣，
是連結起諸多星系的虛擬線，
如銀光纖絲晶透交織，
閃亮成不可名狀的星座，
綺麗妖豔。

如天文學家們觀測星象，記錄當下抵達的光。
夜空興起私密的浩瀚感。
喔，那是西格瑪星，
看哪，地平線右上方的環狀小行星帶，
那是邪惡機甲帝國文明的慰靈地。

如大航海探險船隊，揚帆駛向海平線遠方的火山島。
民族誌學家在海圖上筆繪，標註島上有食人族，
烏面白紋，紅首似火燒頭髮，持弓矛裸奔，喜藝玩獵物。

聽說上個世紀末有考古學家出土了古老的圖騰柱，
尚皮耶說：Génial, c'est peut-être la dernière pièce manquante
du puzzle.

這城市的行動詩學運動者常出沒在大黑店喝冰啤酒，
彼此哈囉，一起去「界末」海產店吃生魚片，
他們主張沒有一個人是局外人，
他們會闖入詩答答動物園的猛獸區，
快閃起舞，與獅子四目相對，
他們認為所有通感都是與生俱來，並高舉標語「祝你幸福」。
（大眾也祈願他們幸運）
詩的起源可能來自不一樣的母親。

在詩意的天文奇觀中，
不時有超新星爆炸，新恆星誕生，
持續為生命與美提供了必要的元素。
也必有中子星碰撞。
縱使生活如星塵般紛亂，終將熔融為黃金，
成為重質量的經驗，在個體內心熾熱的地核中藏隱。
只有不可捉摸的靈思如小行星般逸軌飛炸，
才顯化成文字，見光出地表，將既有詮釋更新。

也許只是單純活著，自在隨天體運行。
春夏秋冬看似畫了一個又一個相同的圓，
但在時間維度裡，意識已螺旋成另一個次元，
某個人觀測。紀錄。
確認了某個人存在。
多數人觀測。再疊加上多數人的紀錄，
就是一座時空傳送門的開啟，
無數可能性，一步即跨過去。

當是一個老花的業餘天文愛好者，
手中僅握有一張粗糙、簡陋又片面的星圖，
深信透過多方來源的魔法交相合流，
原本紙張線條斷失的空白處，
將隨時間生成輪廓更華美更不可思議的形貌。

一條拉長放大的時間虛線，
有無量訊息密布在線與線之間，
間隙自有無限宇宙無窮綻開，
一朵金花，忽現。
昨天也是今天。

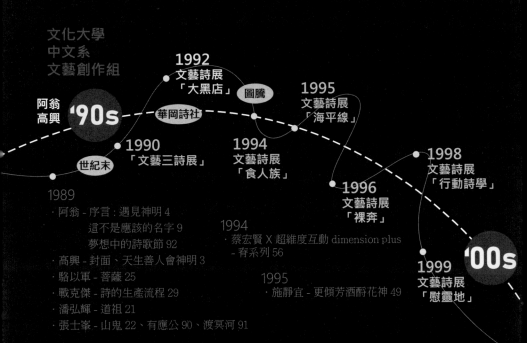

文化大學
中文系
文藝創作組

阿翁
高興 **'90s**

1992
文藝詩展
「大黑店」

圖騰

1995
文藝詩展
「海平線」

華岡詩社

世紀末

1990
「文藝三詩展」

1994
文藝詩展
「食人族」

1998
文藝詩展
「行動詩學」

1996
文藝詩展
「裸奔」

'00s

1999
文藝詩展
「慰靈地」

特刊作者索引

言之寺院時間線

2005
· 孫得欽 - 神的臉 43、淡漠 79
· 黃柏軒 - 藥師佛 44、觀自在菩薩 45
· 廖人 - 二月 80
· 劉崇鳳 - 莫可言說 82

2006
· 吳俞萱 - 殘響 38

2007
· 蔡林縉 - 窗外失神 36
· 陳韋哲 - 樓上的地基主 41
· 林仕健 - 沈默的愛 75

2008
· 張家祥 - 如神 42、一日俱在 76
· 王天寬 - 大象需要技巧，神不用 23
　　　　　 沒關係，是上帝 67
　　　　　 如果上帝有玩 Tinder 71
· 李妍慧 - 要不要一起做寶殿裡的大雄 37

2004
成大第一屆詩展
「局外人」

2011
· Saint Lemonade(阿閃) - 林默的神秘迴圈 14

成功大學
中文系

2023
· 葉昀峰 - 墮落於夢幻 84

2021
· 林妡芮 - 她可以表達 24

2020
· 張容箏 - 如來 11
　　　　 牧羊人記 12

2019
· 邢辰 - 嫦娥 13、小幽靈 77、
　　　 新年快樂 78

2018
· 許明涓 - 膜 35

2016
· 黃湘涵 - 月老 46

'10s

2012
成大第三屆詩展
「哈囉・界末」

2010
成大第二屆詩展
「藝・玩」

2014
成大第五屆詩展
「Puzzle」

2013
成大第四屆詩展
「西格瑪」

2015
成大第六屆詩展
「詩答答動物園」

2016
成大第七屆詩展
「燒頭髮」
成大第八屆詩展
「與生俱來 祝你幸福」

2017
成大第九屆詩展
「不一樣的母親」

詩議會

2018
成大第十屆詩展
「私密的浩瀚感」

天生善人會

'20s

國家圖書館出版品預行編目 (CIP) 資料

言之寺院 - 天生善人會特刊：神明／阿翁，高興，林妡芮，張容箏，邢辰，許明涓，黃湘涵，Saint Lemonade(阿閃)，李妍慧，王天寬，張家祥，林仕健，陳韋哲，蔡林縉，吳俞萱，劉崇鳳，廖人，黃柏軒，孫得欽，葉昀峰，鄭嘉華，李嘉華(右京)，施靜宜，蔡宏賢，鄭元獻，高平遠，丁名慶，張寶云，張士峯，潘弘輝，戰克傑，駱以軍作；駱以軍，張士峯主編. -- 初版. -- 臺北市：超維度互動股份有限公司，2023.08

面；　公分

ISBN 978-626-97696-0-5(平裝)

863.51　　　　　　　　　　　　　　　　112013252

言之寺院 - 天生善人會特刊：神明

作 者 群：阿翁、高興、林妡芮、張容箏、邢辰、許明涓、黃湘涵、Saint Lemonade(阿閃)、李妍慧、王天寬、張家祥、林仕健、陳韋哲、蔡林縉、吳俞萱、劉崇鳳、廖人、黃柏軒、孫得欽、葉昀峰、鄭嘉華、李嘉華(右京)、施靜宜、蔡宏賢、鄭元獻、高平遠、丁名慶、張寶云、張士峯、潘弘輝、戰克傑、駱以軍

顧　　　問：阿翁、高興

主　　　編：駱以軍、張士峯

封面 & 插圖：高興、丁名慶

編輯排版：超形設計工作室

發 行 人：蔡宏賢

出　　　版：超維度互動股份有限公司 (Dimension Plus)

　　　　　　臺北市中山區龍江路 286 巷 12 號

　　　　　　02-2506-3990

　　　　　　https://dimensionplus.co

　　　　　　labdptw@gmail.com

印刷裝訂：裕祈企業有限公司

　　　　　　臺北市士林區後港街 4 號 3 樓

　　　　　　02-2885-0683

2023 年 8 月　初版一刷

定價　300 元

ISBN　978-626-97696-0-5

Printed in Taiwan

天生善人
文化成功